O livro **dos jogos** das crianças INDÍGENAS E AFRICANAS

CARLOS SEABRA

ilustrações

WILLIAM YUKIO

ESTRELA Cultural

FAZENDO HISTÓRIA

GRUPO ESTRELA

PRESIDENTE Carlos Tilkian

DIRETOR DE MARKETING Aires Fernandes

DIRETOR DE OPERAÇÕES José Gomes

EDITORA ESTRELA CULTURAL

PUBLISHER Beto Junqueyra

EDITORIAL Célia Hirsch

ASSISTENTE EDITORIAL Ana Luíza Bassanetto

ILUSTRAÇÕES William Yukio

PROJETO GRÁFICO Estúdio Versalete
(Christiane Mello, Fernanda Morais e Karina Lopes)

REVISÃO DE TEXTO Luiz Gustavo Micheletti Bazana

DADOS INTERNACIONAIS DE CATALOGAÇÃO NA PUBLICAÇÃO (CIP)
(CÂMARA BRASILEIRA DO LIVRO, SP, BRASIL)

Seabra, Carlos
O livro dos jogos das crianças indígenas e africanas / Carlos Seabra ; ilustrações de William Yukio. – 1. ed. – Itapira, SP : Editora Estrela Cultural, 2019.

ISBN 978-85-45559-66-5

1. Aficanos – Brasil – História – Literatura infantojuvenil 2. Aficanos – Jogos – Literatura infantojuvenil 3. Brincadeiras – Literatura infantojuvenil 4. Índios da América do Sul – Brasil – História 5. Índios da América do Sul – Brasil – Jogos – Literatura infantojuvenil I. Yukio, William. II. Título.

19-27490 CDD-028.5

ÍNDICES PARA CATÁLOGO SISTEMÁTICO:
1. Jogos, brincadeiras de origem africana e indígena: Literatura infantil 028.5
2. Jogos, brincadeiras de origem africana e indígena: Literatura infantojuvenil 028.5

CIBELE MARIA DIAS | BIBLIOTECÁRIA – CRB-8/9427

1ª edição - Itapira, SP - 2019 - IMPRESSO NO BRASIL

Cultural

Rua Roupen Tilkian, 375
Bairro Barão Ataliba Nogueira
13986-000 – Itapira – SP
CNPJ: 29.341.467/0001-87
estrelacultural.com.br
estrelacultural@estrela.com.br

Os povos indígenas brasileiros possuem várias brincadeiras muito praticadas por suas crianças – como a cama de gato, a peteca, a coquita (bilboquê) e a perna de pau – mas o único jogo de tabuleiro conhecido é o **Adugo**, que apresentamos aqui para você.

Já os africanos possuem jogos com centenas e até milhares de anos – Morabaraba, Senet, Zamma, Fanorona, Kharbaga – sendo os mais conhecidos os **Mancalas**, bastante jogados por jovens e adultos, com muitas dezenas de variedades, dos quais escolhemos quatro para você conhecer e jogar.

Todos esses jogos permitem exercer seu **raciocínio lógico** e estratégico, além de serem bem divertidos, e esperamos que o levem a querer conhecer um pouco mais da cultura viva dos povos indígenas e africanos.

JOGO **INDÍGENA**

ADUGO

O JOGO DA ONÇA

Conhecido também como "Jogo da onça", o **Adugo** (que significa "onça", na língua dos Bororos, povo indígena da região do Mato Grosso) é um jogo criado por essa etnia indígena brasileira.

O **Adugo** costuma ser jogado no chão, com o tabuleiro traçado na terra ou na areia, usando pedras como peças. Uma peça diferente representa a onça e 14 outras peças, iguais entre si, representam os cachorros.

É um jogo de estratégia para 2 jogadores, no qual um deles joga com a onça com o objetivo de capturar as peças do adversário. A captura é feita de modo similar ao jogo de Damas. O jogador com os cachorros tem como objetivo encurralar a onça e deixá-la sem movimentação possível.

COMO **JOGAR**

O jogador com a onça é sempre quem inicia a partida, movendo sua peça para qualquer casa vizinha que esteja vazia. Em seguida, o jogador com os cachorros deve mover qualquer uma de suas peças também para uma casa vizinha que esteja vazia.

Todas as peças podem se mover em qualquer direção.

A onça captura um cachorro quando salta sobre ele e o final do movimento é numa casa vazia (como no jogo de damas). A captura pode ocorrer em qualquer sentido. Ao ser capturada, a peça do cachorro é retirada do tabuleiro. A captura pode ocorrer em todos os sentidos: para a frente, para trás, para as diagonais ou para os lados do tabuleiro.

Se for possível, a onça pode fazer mais de uma captura (também como no jogo de damas). Mas essa captura não é obrigatória: se numa mesma jogada houver mais de uma possibilidade de capturar os cachorros, o jogador da onça poderá executar o lance que capture todos os cachorros possíveis ou não.

O cachorro movimenta-se no tabuleiro para qualquer casa vizinha que esteja vazia, em qualquer direção, uma por vez.

ATENÇÃO: o jogador com os cachorros não pode capturar a onça

Os jogadores alternam as jogadas até um dos dois vencer a partida.

OBJETIVO DO JOGO

O jogador com a onça, quando consegue capturar 5 cachorros, vence a partida; já o jogador com os cachorros vence o jogo quando consegue imobilizar a onça de forma que ela fique sem possibilidade de movimentos no tabuleiro.

EMPATE

Se, durante uma partida, for constatado que uma posição se repetiu 4 vezes, a partida poderá ser declarada empatada. Esse empate pela repetição de lances deve ser reclamado pelo jogador no momento que ocorrer.

CAMPEONATO

Se você fizer um torneio com várias partidas com seus amigos, poderá considerar a pontuação de 3 pontos por vitória, 1 ponto para cada um no caso de empate e nenhum ponto por derrota.

DICA

A onça deve tomar cuidado para não entrar em sua toca (parte triangular do tabuleiro). Caso isso ocorra, ela poderá ser encurralada pelos cachorros.

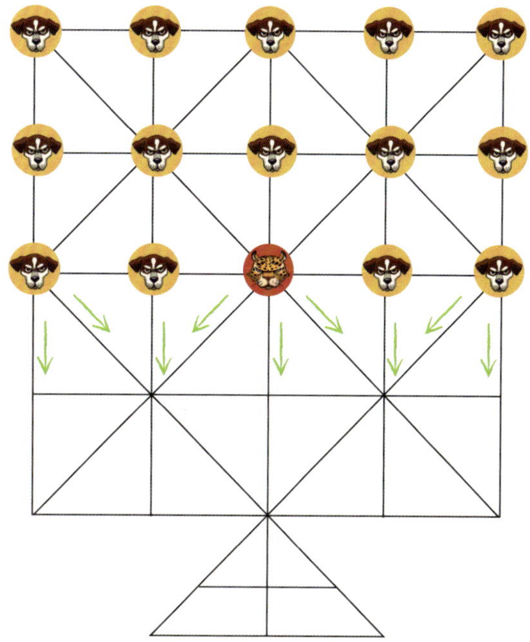

Posição inicial das peças no tabuleiro.

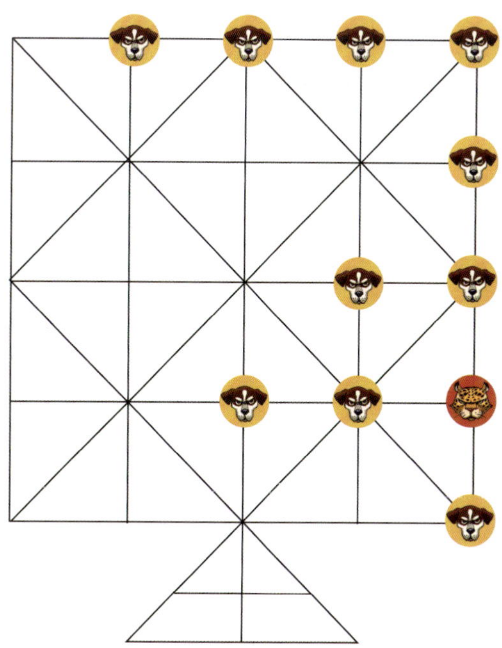

A onça deve tomar cuidado para não ser encurralada pelos cachorros.

QUEM SÃO OS POVOS INDÍGENAS BRASILEIROS?

Os **Bororo**, criadores do Adugo, são um povo indígena. O território tradicional dos Bororo atingia a Bolívia, a oeste; o centro-sul de Goiás, ao leste; as margens da região dos formadores do Rio Xingu, ao norte; e, ao sul, chegava até as proximidades do Rio Miranda. Estima-se que eles tenham habitado essa região durante pelo menos 7 mil anos. Atualmente, vivem no Mato Grosso.

Existem muitas outras etnias indígenas brasileiras. Cada grupo étnico indígena apresenta características específicas e é importante você saber que eles são sujeitos contemporâneos, que vivem de acordo com as mudanças propostas pela sociedade.

Existem povos que vivem mais próximos ao litoral e assimilaram alguns dos costumes dos brancos e outros que vivem em regiões mais longínquas e ainda preservam muito de sua cultura original. Não há homogeneidade cultural entre esses povos e é preciso pesquisar cada um para conhecer melhor seus hábitos e costumes.

Além do Adugo, os povos indígenas brasileiros são pioneiros em outro jogo de destreza: a **peteca**. Ela tem origem nas recreações dos índigenas brasileiros, que a praticavam com outras atividades, como rituais, festas, cantos e histórias – especialmente as tribos localizadas no estado de Minas Gerais.

O nome **peteca** vem do Tupi, em que *pe'teca* significa "bater com a mão". Originalmente, é um brinquedo confeccionado artesanalmente com penas de aves, palha de milho e pequenas pedras, fazendo parte do folclore mineiro. Hoje, a peteca é considerada oficialmente um esporte.

Alguns povos/etnias indígenas do Brasil: Baré, Bororo, Guarani, Guajajara, Caingangue, Ianomâmi, Macuxi, Munduruku, Múra, Pataxó, Potiguara, Sateré-Mawé, Tenetehara, Terena, Ticuna, Xavante, Xucuru.

Você pode pesquisar mais na internet sobre esses povos, quantos habitantes cada um possui hoje em dia, onde vivem, suas características culturais, idioma etc. Você também pode pesquisar como as crianças e os jovens desses povos se divertem e quais são seus jogos e passatempos favoritos.

VOCÊ VAI APRENDER MUITAS COISAS NOVAS E SE DIVERTIR PESQUISANDO ISSO TUDO!

JOGOS **AFRICANOS**

MANCALAS

OS JOGOS DE SEMEADURA

Mancala, que deriva da palavra árabe *naqaala* (mover), é o nome usado para descrever um grande número de jogos africanos, em geral para 2 pessoas, baseados no princípio da "distribuição de sementes" num tabuleiro feito de diferentes materiais e formado por várias casas, representadas por buraquinhos nele escavados.

O princípio desses jogos está diretamente associado ao ato de semear e, pelo que se acredita, os Mancalas seriam os mais antigos jogos do mundo. Alguns autores afirmam que esses jogos teriam surgido há cerca de 7 mil anos.

O que mais surpreende nos mancalas é sua mecânica inteiramente dependente do raciocínio. Os jogos de mancala possuem um papel importante em muitas sociedades africanas, comparável ao do Xadrez no Ocidente.

Os Mancalas costumam ser jogados em tabuleiros de madeira, que contêm duas ou mais fileiras de concavidades alinhadas (casas), podendo também ser escavados na terra (o que reforça a metáfora da semeadura que os mancalas propõem). As peças são tradicionalmente sementes secas ou pequenas conchas. A quantidade de peças também varia de acordo com o tipo de Mancala: no *Awelé, por exemplo,* são necessárias 48 sementes ou peças.

Mancala, o "jogo oficial" da África, possui nesse continente excelentes jogadores: alguns fazem jogadas tão rápidas que é bastante difícil acompanhar os lances da partida e exímios jogadores conseguem até a façanha de participar de uma partida de Mancala de olhos fechados.

AWELÉ

O MAIS POPULAR DOS MANCALAS

Uma das modalidades mais praticadas na costa ocidental da África é o **Wari**, que tem uma variação chamada **Awelé**. É esta modalidade que apresentamos a você agora. Para 2 jogadores.

O tabuleiro do **Awelé** possui 2 fileiras de 6 casas cada uma, correspondendo cada fileira a 1 jogador, mais 2 casas maiores que servem de reservatório, uma em cada extremidade do tabuleiro (pertencendo a cada jogador o reservatório à direita de cada um).

As 48 peças usadas no jogo são distribuídas, no início da partida, por todas as 12 casas, colocando-se 4 em cada uma – ficando os reservatórios vazios. Os jogadores jogam alternadamente e o primeiro a jogar (escolhido por sorteio) retira todas as peças de qualquer uma de suas 6 casas – isto é, de qualquer casa situada no seu lado do tabuleiro – e vai "semeando-as", sempre uma a uma, nas casas seguintes no sentido anti-horário. Segue-se o adversário, que deve proceder do mesmo modo.

Com a continuação do jogo, uma casa pode vir a ter mais de 20 peças, já que cada jogador pode partir de qualquer casa, desde que esteja situada no seu lado do tabuleiro. Numa situação como essa, as peças podem dar mais de uma volta inteira no tabuleiro ao serem semeadas e, nesse caso, o jogador deve pular a casa da qual partiu ao passar por ela de novo, deixando-a **sempre vazia** durante sua jogada.

O **OBJETIVO DO JOGO** é capturar peças das casas situadas no lado do adversário. A captura de peças ocorre quando a última peça semeada cai numa casa do lado do adversário na qual há 1 ou 2 peças. Assim, a captura acontece sempre que, ao terminar uma jogada, for formado um conjunto de 2 ou 3 peças numa casa situada do lado do adversário. Essas peças são retiradas e guardadas no reservatório do jogador que as capturou.

CAPTURA MÚLTIPLA: Quando um jogador faz uma captura, ele pode capturar também as peças das casas imediatamente anteriores se:
1) essas casas estiverem do lado do tabuleiro que pertence ao adversário;
2) houver nessas casas o total necessário de peças (2 ou 3) para que se efetue a captura.

O jogo termina quando todas as casas de um participante estiverem vazias e for sua vez de jogar.

ATENÇÃO

Um jogador não pode deixar que as casas do jogador adversário fiquem vazias se, em sua vez de jogar, ele puder mover peças que estão do seu lado para o lado do adversário. Portanto, em situações como esta o jogador é obrigado a “alimentar” seu adversário. Além disso, um jogador não pode capturar todas as peças que estão situadas nas casas do lado do jogador adversário se isso o deixar sem nenhuma peça para jogar em sua vez. Esta regra deve ser única no mundo dos jogos, pois geralmente um jogador pode fazer tudo o que, dentro das regras do jogo, venha a prejudicar o participante adversário.

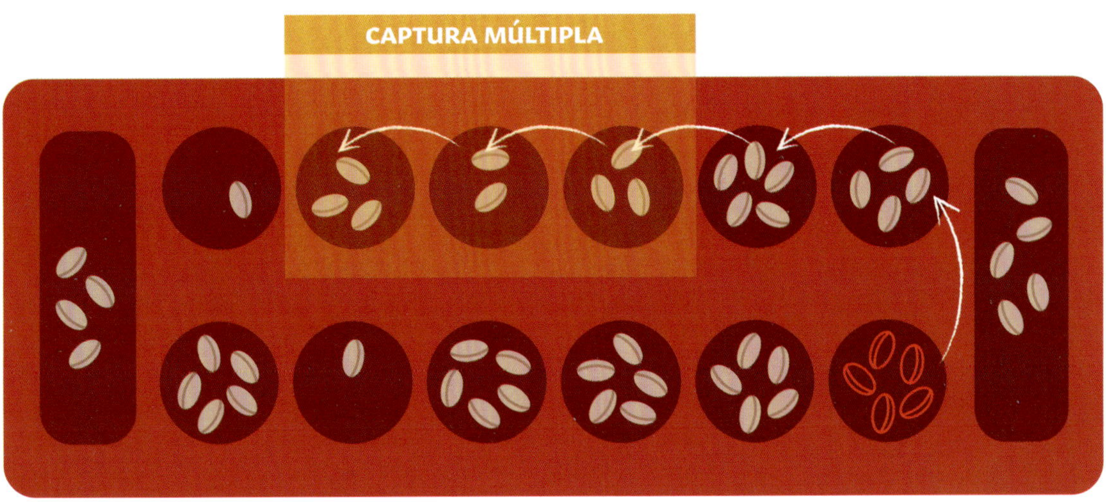

Ubuntu sou quem sou porque somos **todos nós**

Ubuntu é uma palavra originada da África Subsaariana (de onde vieram boa parte dos escravizados trazidos para o Brasil). Seu significado tem aspectos humanísticos como a solidariedade, a cooperação, o respeito, o acolhimento, a generosidade, entre outras ações buscando nosso bem-estar e o de todos à nossa volta.

Assim, a regra dos Mancalas de alimentar o adversário mostra que é importante aprender a viver e conviver juntos, tendo o respeito como base para suas relações e isso não significa omitir a competição, mas dar espaço para que eles aprendam outra forma de convívio, no qual a solidariedade seja um bem comum.

Quando um dos participantes não pode fazer nenhum movimento em sua vez de jogar, o jogador adversário fica com as peças que restaram nas casas de seu lado do tabuleiro e junta-as às demais peças que já tiver no seu reservatório. Ao final da partida, o jogador que possuir mais peças em seu reservatório será o vencedor.

OBSERVAÇÃO

Durante todo o jogo é permitido a um jogador contar as peças de qualquer casa – sua ou do adversário. Isso é fundamental para você planejar sua jogada. Use esse recurso sempre que sentir necessidade.

JODU

DIVERTIDO E IMPREVISÍVEL

Conhecido também por Tantam Apachi, o **Jodu** é muito apreciado pelas crianças. Embora sua complexidade em relação a outros Mancalas não seja inferior, ele propõe um estilo de jogo que facilmente cai no "vamos ver no que dá", característica que o torna muito imprevisível e divertido. Para 2 jogadores.

Para começar, colocam-se 4 peças em cada casa. O primeiro jogador (escolhido por sorteio) começa o jogo retirando todas as peças de uma casa qualquer de sua fileira (que é a que fica à sua frente e constitui o seu território) e semeando as peças, **uma a uma**, nas casas seguintes, sempre no sentido anti-horário.

Quando a última peça cai numa casa que não está vazia, o jogador pega todas as peças dessa casa e continua a semeadura, procedimento que se repete sempre que a última peça cai numa casa cheia – isto é, com uma ou mais peças. A jogada só termina quando a última peça cai em uma casa vazia, existindo nesse caso duas situações:

1) se a última peça cai numa casa vazia no lado do adversário, a jogada simplesmente termina e a vez de jogar passa ao adversário;

2) se a última peça cai numa casa vazia no lado do jogador, esta peça e todas as que estiverem na casa oposta do lado do adversário são capturadas por ele e colocadas no seu reservatório. Feito isso, a jogada termina e a vez passa ao adversário.

A captura só não pode ocorrer quando a casa oposta do lado do adversário for a única de suas casas que não está vazia (para não "matar de fome" o adversário). Por outro lado, quando todas as casas de um jogador estão vazias, seu adversário deve, obrigatoriamente, tentar mover suas peças para as casas do lado dele (o mesmo princípio de ser solidário com o oponente).

O jogo termina quando não é mais possível alimentar as casas do adversário ou, então, quando nenhuma captura puder ser realizada. As peças que restarem ficam para o dono do território no qual elas estiverem.

Vence o jogo quem tiver capturado mais peças.

OBSERVAÇÃO

Durante todo o jogo é permitido a um jogador contar as peças de qualquer casa – sua ou do adversário. Isso é fundamental para você planejar sua jogada. Use esse recurso sempre que sentir necessidade.

OWARE

PARA ATÉ 6 JOGADORES

O **Oware** é considerado o jogo nacional de Gana e também é bastante popular em todo o oeste do continente africano, em países como Nigéria e Serra Leoa.

Ao contrário dos demais Mancalas deste livro, ele pode ser jogado por 2, 3, 4 ou 6 jogadores. No caso de serem 2 jogadores, cada um tem como seu território as 6 casas da fileira à sua frente; se forem 3 jogadores, a cada um cabem 4 casas; se forem 4 jogadores o território de cada um é constituído por 3 casas; e se forem 6 jogadores, cabem 2 casas a cada um deles. As casas de cada território devem ser **contíguas** para facilitar a memorização por parte de todos os jogadores.

Neste jogo não são utilizados os reservatórios laterais e uma partida inicia-se com 4 peças em cada casa, independentemente do número de jogadores.

O primeiro a jogar é escolhido por sorteio e o próximo será o jogador à sua direita, e assim por diante. Cada jogador, na sua vez, retira todas as peças de qualquer uma das casas de seu território e, no sentido anti-horário, vai semeando-as, uma a uma, nas casas seguintes. Se a última peça cair numa casa em que já haja uma ou mais peças, ele pega todas as peças dessa casa e continua semeando da forma já descrita.

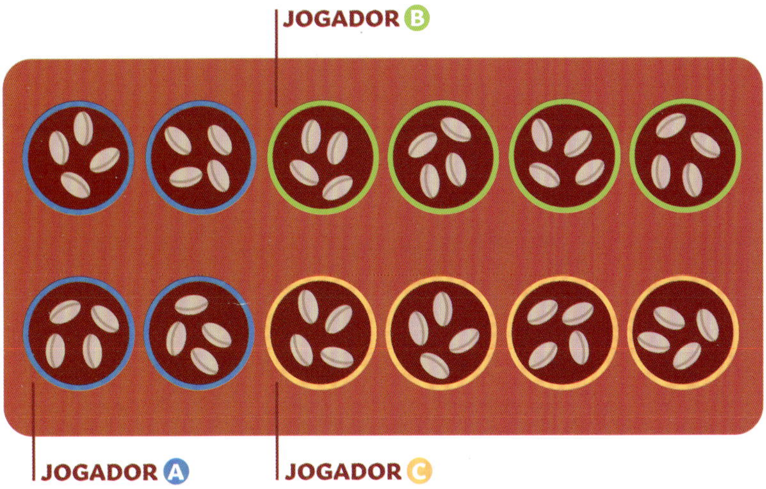

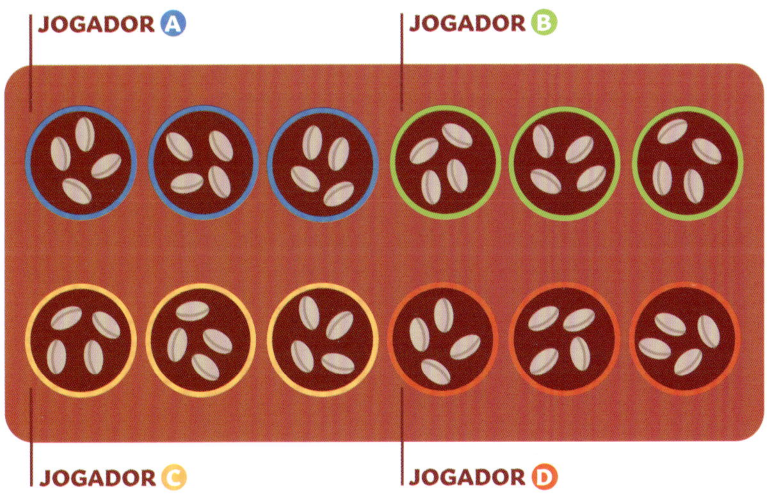

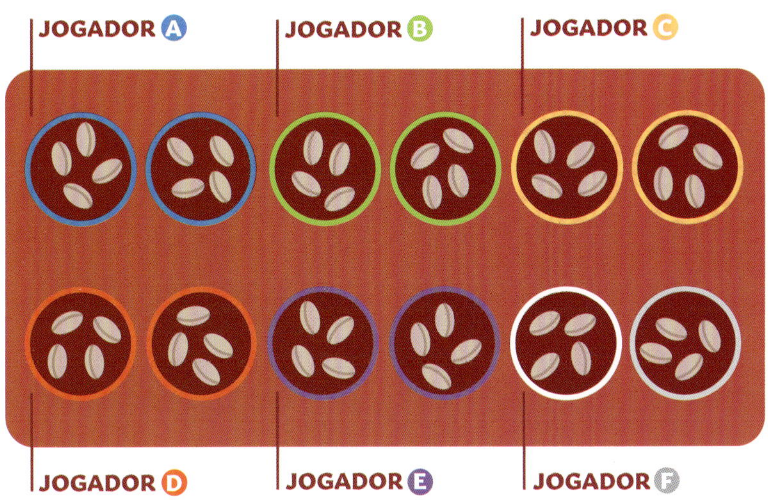

O **Oware** pode ser jogado por 2, 3, 4 ou 6 jogadores, dividindo-se as casas do tabuleiro conforme as imagens ao lado. No caso de serem 2 jogadores, cada um tem como seu território as 6 casas da fileira à sua frente; se forem 3 jogadores, cada um tem direito a 4 casas; se forem 4 jogadores o território de cada um é constituído por 3 casas; e se forem 6 jogadores, cada um tem direito a 2 casas.

A vez de um jogador só termina quando sua última peça cai numa casa vazia ou, então, quando essa peça cai numa casa com 3 peças, formando assim um conjunto de 4 peças, que são recolhidas pelo jogador e guardadas à sua frente, fora do tabuleiro.

Se, durante uma jogada, forem reunidas 4 peças numa casa qualquer, o jogador **dono do território** onde isso ocorreu recolhe-as imediatamente e coloca-as à sua frente, fora do tabuleiro. A menos, é claro, que se trate de uma captura – ou seja, que esse conjunto de 4 peças seja formado com a última peça de uma jogada, caso em que as 4 peças são recolhidas pelo jogador que efetuou esse lance.

Quando, em sua vez, um jogador não possuir nenhuma peça nas suas casas, ele passa sua vez. Na sua próxima vez, se ele já tiver peças para jogar, então poderá fazê-lo, senão passará sua vez novamente. Esse procedimento é adotado toda vez que ocorre tal situação, não havendo nenhuma regra que obrigue um jogador a alimentar seu adversário.

Quando restarem apenas 8 peças no tabuleiro, o jogador que efetuar uma captura de 4 peças ficará com todas as 8. O jogo pode terminar nesse momento, se os jogadores assim preferirem, mas a forma tradicional determina que o jogo continue da seguinte maneira:

Os jogadores separam em grupos de 4 peças todas as peças que ganharam, preenchendo tantas casas quantos forem os grupos de 4 peças que possuírem, passando as casas assim ocupadas a fazer parte do território do jogador. Feito isso, o jogo prossegue até que um dos jogadores consiga conquistar todas as casas do tabuleiro. Durante as partidas seguintes, pode ocorrer que o jogador que estava perdendo (não o que foi eliminado, pois esse não poderá mais voltar ao jogo) ganhe tantas peças que lhe permitam reconquistar o território perdido ou até mesmo inverter a situação do jogo.

OBSERVAÇÃO

Durante todo o jogo é permitido a um jogador contar as peças de qualquer casa – sua ou do adversário. Isso é fundamental para você planejar sua jogada. Use esse recurso sempre que sentir necessidade.

KALAH

PARA EXERCITAR O RACIOCÍNIO MATEMÁTICO

O **Kalah** é mais um tipo de Mancala. Ele é jogado em todo o norte da África, principalmente na Argélia. Para 2 jogadores.

O jogo começa com 3 peças em cada casa comum, totalizando 18 peças para cada jogador. O território de cada jogador é formado pelas 6 casas da fileira à sua frente mais o reservatório à sua direita. Neste jogo, o reservatório funciona também como uma casa, chamada "casa de acumulação", que só é utilizada pelo proprietário. Essa casa também é conhecida pelo nome de *Kalah*.

O jogador pega as peças de qualquer uma de suas casas – mas nunca de sua casa de acumulação – e as semeia, uma a uma, nas casas seguintes, no sentido anti-horário. O percurso de cada um dos participantes inclui sua casa de acumulação e, portanto, cada vez que o jogador passa em seu Kalah, ele deixa uma peça nessa casa.

As peças do Kalah são de propriedade definitiva do jogador, uma vez que essa casa de acumulação também é seu reservatório. Um jogador nunca semeia na casa de acumulação do adversário.

Toda vez que a última peça semeada cai na casa de acumulação do jogador, este tem o direito de iniciar uma nova jogada, sempre partindo de qualquer uma das casas de seu território.

Uma captura ocorre quando a última peça semeada por um jogador cai em uma casa vazia situada em seu próprio território, caso em que o jogador coloca em seu reservatório todas as peças que se encontrem na casa oposta do território adversário e mais essa última peça que originou a captura.

Se a última peça cair numa casa vazia do lado do adversário, não acontece nada e a jogada termina com o jogador passando a vez a seu adversário. A jogada termina também quando a última peça cai em qualquer casa do tabuleiro na qual já houver pelo menos uma peça (com exceção apenas do Kalah, caso em que você tem o direito de iniciar uma nova jogada).

O jogo termina quando forem capturadas todas as peças ou quando um dos jogadores não tiver peças para jogar, caso em que seu adversário ficará de posse das peças que ainda restarem em seu território.

O jogo pode terminar também quando, de comum acordo, os jogadores constatarem que as peças em jogo são muito poucas e decidirem dividi-las entre si. Vence a partida aquele que possuir a maior quantidade de peças.

OBSERVAÇÃO

Durante todo o jogo é permitido a um jogador contar as peças de qualquer casa – sua ou do adversário. Isso é fundamental para você planejar sua jogada. Use esse recurso sempre que sentir necessidade.

QUAIS SÃO OS **MANCALAS** JOGADOS AO REDOR DO **MUNDO?**

Conforme a região onde são jogados, os Mancalas são conhecidos por determinado nome: **Wari**, no Sudão, Gâmbia, Senegal e Haiti; **Aware**, no Burkina Faso; **Adi**, no Benin**; Baulé**, na Costa do Marfim, Indonésia e Filipinas; **Ayo**, na Nigéria; **Andot**, no Sudão; **Ouri**, em Cabo Verde**; Kalah**, na Argélia; **Kakua**, em Gana e na Nigéria; e muitas outras denominações em diversos países, com grande variação nas regras.

No Brasil, os africanos escravizados que o trouxeram o chamavam de **Adi**. O Mancala denominado **Aiú** foi jogado no Brasil pelos africanos chamados de "carregadores do pesado" nas horas vagas, quando viviam nos portos do Rio de Janeiro e de Salvador.

CURIOSIDADE

Algumas etnias africanas jogam os Mancalas somente durante o dia, deixando o tabuleiro para fora de casa à noite para que os deuses também possam jogar e, assim, favoreçam as colheitas.

Outras etnias não jogam Mancalas à noite porque acreditam que espíritos de outro mundo virão jogar também, levando a alma dos jogadores embora.

Você pode pesquisar mais na internet sobre os Mancalas e os povos que os jogam, as regras específicas e outros fatores culturais. Também pode pesquisar como a cultura africana influenciou nossos costumes, nosso idioma e nossa música.

ORGANIZE TORNEIOS DE MANCALAS COM SEUS AMIGOS, FAMILIARES E EM SUA ESCOLA!

CONSTRUA SEUS JOGOS

Seja jogando Adugo ou Mancalas, experimente disputar partidas com seus amigos ou familiares colocando o tabuleiro no chão e sentando-se à volta dele, como é feito nas aldeias indígenas ou africanas.

O tabuleiro e as peças deste livro são apenas para você aprender a jogar. Você pode construir seu próprio jogo de Adugo ou de Mancala, fazendo o tabuleiro em cartolina ou madeira e usando peças como botões e feijões.

USE SUA IMAGINAÇÃO E CRIATIVIDADE E MÃOS À OBRA!

SOBRE O **AUTOR**

DULCE SEABRA

Carlos Seabra nasceu em Portugal e mora há umas décadas em São Paulo. Autor de diversos jogos de tabuleiro (como o *War II* e o *Zener*) e jogos digitais, atua com tecnologias na educação. É autor e editor de vários livros de educação, de projetos didáticos STEAM e de cultura e entretenimento. Desenvolve pesquisas sobre jogos clássicos e atuais e suas possibilidades de aplicação na aprendizagem.

SOBRE O **ILUSTRADOR**

KARINA LOPES

William Yukio, nipo-brasileiro, é apaixonado pela arte da ilustração e aficionado por jogos digitais desde criança. Aprofundou os seus conhecimentos no curso Comunicação Visual Design da Escola de Belas Artes da UFRJ. A formação em Técnico em Multimídia pelo Núcleo Avançando de Educação (NAVE) possibilitou sua atuação como artista digital no mercado de desenvolvimento de jogos e aplicativos.

Este livro foi composto usando a família tipográfica Gitan Latin. Impresso em papel Ningbo 300 g/m² (capa) e papel Couché Matte 150 g/m² (miolo).